DE L'APPROVISIONNEMENT

EAU POTABLE

DES VILLES

Situées sur les Fleuves ou Rivières

COMMUNICATION ADRESSÉE À LA SOCIÉTÉ DE MÉDECINE PRATIQUE

Séance du 21 février 1891

CLERMONT-OISE

IMPRIMERIE DAIX FRÈRES

PLACE SAINT-ANDRÉ

1891

DE L'APPROVISIONNEMENT

EN

EAU POTABLE

DES VILLES

Situées sur les Fleuves ou Rivières

COMMUNICATION ORIGINALE A LA SOCIÉTÉ DE MÉDECINE PRATIQUE

Séance du 27 *février* 1890

Par M. E. GAUTRELET

Chimiste

CLERMONT (OISE)

IMPRIMERIE DAIX FRÈRES

PLACE SAINT-ANDRÉ, 3

—

1890

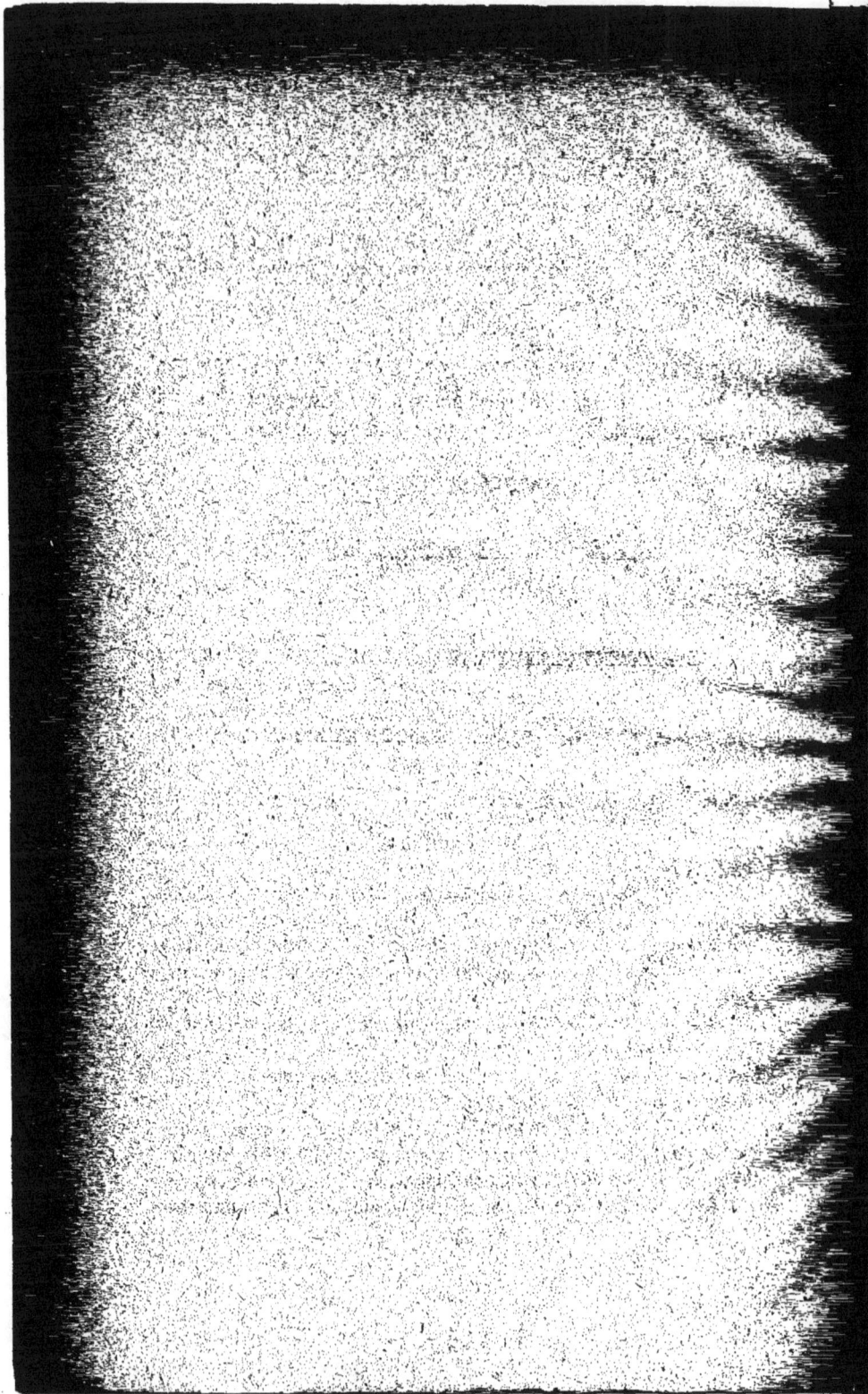

DE L'APPROVISIONNEMENT

EN EAU POTABLE

DES VILLES

Situées sur les Fleuves ou Rivières

Par M. E. GAUTRELET, chimiste

Messieurs,

J'étais porté à l'ordre du jour de la Société pour la lecture d'un travail relatif à la Thérapeutique alimentaire à propos d'une « note sur les conserves de haricots verts » ; et je viens vous demander la permission, tout en conservant mon tour de parole, de modifier le sujet de ma communication.

J'ai, en effet, le désir de vous entretenir d'une question d'actualité : celle de l'approvisionnement en eau potable des villes situées sur les cours d'eau en général et de Paris en particulier.

Vous êtes tous, Messieurs, au courant, dans une certaine mesure au moins, de la grosse question actuellement pendante devant le Parlement (la loi a été votée lundi dernier à la Chambre des députés et est renvoyée actuellement à l'approbation du Sénat) de la dérivation d'un cours d'eau de l'Eure (portant le nom d'Avre), à l'effet d'augmenter la quantité d'eau réellement potable disponible pour la population parisienne.

Vous connaissez sans doute aussi les objections diverses que ce projet soulève :

Objection de nature hygiénique : la dérivation ne pouvant comporter l'adduction d'une quantité d'eau supérieure à 1280 litres par seconde, soit 55.296.000 litres en 24 heures, soit encore seulement 18 litres et demi par habitant pour une population de 3 millions d'âmes.

Objection de nature financière : le projet soumis à la ratification des Chambres prévoyant une dépense de 300 millions de francs pour l'obtention d'une quantité d'eau qui, ajoutée à celle déjà disponible à Paris, ne donnera pas plus de 80 litres par tête d'habitant, soit les deux tiers seulement de celle reconnue strictement nécessaire à l'hygiène des populations agglomérées.

Objection de lèse-liberté : puisque, dit-on, aucune des indemnités offertes par la ville de Paris aux riverains atteints par le détournement partiel du cours de l'Avre au profit de la capitale ne pourra compenser les pertes industrielles et agriculturales devant résulter de cette spoliation.

Or, ayant eu récemment l'occasion, à propos d'une analyse hydrologique qui m'avait été confiée par la ville de Nantes, d'étudier les travaux actuellement en cours dans cette ville pour son approvisionnement en eau potable, je crois de mon devoir d'attirer votre attention sur une solution nouvelle de ce difficile problème, solution que vient de fournir l'un de nos techniciens les plus distingués, M. Lefort, ingénieur en chef des ponts et chaussées du département de la Loire-Inférieure.

Depuis les travaux de Belgrand, le regretté prédécesseur de M. Alphand à la direction des travaux de la ville de Paris, on sait que la plupart sinon toutes les prises d'eau établies sur les fleuves ou rivières pour l'approvisionnement des centres de population ont été agencées dans des conditions telles (réservoirs-filtres en pierres sèches et masses filtrantes fixes en sables,) qu'au lieu de recueillir l'eau du fleuve filtrée, elles amassent celles de nappes souterraines avoisinantes, nappes à niveau mobile, conséquemment à composition variable. Deux expériences démontrent d'une façon rigoureuse cette manière de voir : c'est tout d'abord la différence du degré hydrotimétrique existant entre l'eau canalisée et celles des cours d'eau servant soi-disant à alimenter les réservoirs-filtres ; différence s'élevant dans certains cas à 4 ou 5 degrés. C'est, ensuite, la surcharge en matières organiques que l'on peut constater dans les eaux canalisées au fur et à mesure de la baisse des eaux dans le fleuve ou la rivière. Et, de fait, si l'eau des puits ou tranchées de filtration reconnaissait bien comme origine l'eau du fleuve ; le courant charriant d'autant moins qu'il est plus faible, on devrait, contrairement à ce que l'on observe, voir les eaux des tranchées de filtration d'une pureté d'autant plus grande que le niveau du fleuve serait plus bas. Mais si c'est à des nappes souterraines qu'est due l'alimentation des tranchées de filtration, il est logique de trouver une augmentation des matières organiques dans ces eaux au fur et à mesure de la baisse du fleuve, parce qu'en ces conditions le refoulement des nappes adjacentes devient moindre, et que l'écoulement aux tranchées de filtration des eaux de ces nappes — eaux souillées par les terrains d'alluvion qu'elles baignent — est plus aisé et surtout plus accentué.

Autre fait. D'observations personnelles M. Lefort s'était rendu compte que les rares tranchées-filtres, à l'abri des infiltrations riveraines signalées par Belgrand, ne pourraient agir efficacement pour la filtration en raison même de leur principe d'immobilité et de stabilité. M. Lefort avait, en effet, remarqué qu'au travers des couches de sable, aussi épaisses fussent-elles, (quelquefois 150 mètres), qui constituent les parois latérales et filtrantes de ces bassins épurateurs, il se produisait toujours des voies d'eau, de véritables trajets fistuleux, souvent considérables, en tout cas généralement suffisants pour alimenter la tranchée-filtre.

De là sorte, dit-il avec raison : « *dans le système ancien, si l'eau des tranchées-filtres n'est point celle de nappes souterraines avoisinantes et contaminées, elle devient forcément celle même du fleuve, drainée, dérivée, mais non filtrée.* »

Ayant agréé, avec l'autorisation de M. le ministre des travaux publics, la demande que lui adressait la Ville de Nantes de vouloir bien étudier la question de lui fournir une eau réellement pure au lieu et place de celle absolument impotable qui est en ce moment encore servie à la population de cette ville, M. Lefort envisagea le problème sous le jour suivant :

Étant donné que pour des raisons financières et matérielles, il n'est point pratique d'amener à Nantes la quantité suffisante d'eau de source, (les sources les plus rapprochées sont situées à environ 15 kilomètres et de grands travaux d'art seraient nécessaires pour cette adduction) : qu'y a-t-il à faire pour donner à la population nantaise de l'eau potable empruntée à la Loire ?

Le système des puits ou tranchées à parois perméables était condamné par les travaux de Belgrand.

Ces mêmes recherches faisaient rejeter l'établissement de puits ou tranchées-filtres à parois étanches à établir sur le sol fermé.

Les observations personnelles de M. Lefort lui démontraient aussi les inconvénients absolus des masses sablonneuses filtrantes fixes.

M. Lefort résolut la question :

En se plaçant au milieu du lit de la Loire, en faisant un puits étanche comme ensemble, mais à barbacanes latérales mobiles permettant de modifier la vitesse et la direction d'écoulement des eaux filtrées, c'est-à-dire garantissant le mélange constant de la masse sablonneuse filtrante, assurant son homogénéité, promettant donc une action d'épuration parfaite. Les travaux d'étude ont été, en principe, dirigés ainsi qu'il suit :

En pleine Loire, M. Lefort commença par jeter circulairement des masses rocheuses de façon à constituer une sorte de ceinture pour l'île artificielle qu'il allait créer. Au centre de ce banc de rochers, il fit établir une sorte de tour en maçonnerie allant s'appuyer sur le sol ferme d'une part et, d'autre part, s'élevant à environ un mètre au-dessus des plus hauts étiages signalés. Cette tour présentait sur l'ensemble de sa circonférence et à toutes hauteurs des barbacanes que des valves mobiles peuvent partiellement ou totalement obturer au gré de l'expérimentateur. Autour de cette tour et dans l'ensemble de la ceinture rocheuse on jeta du sable de rivière bien lavé, et en quantité suffisante pour combler l'espace entier, constituant une sorte d'îlot, dans le fleuve. Enfin, on mit le fond de la tour, devenue alors un véritable puits, en communication avec une pompe d'épuisement de la force de douze chevaux-vapeur.

Ce système filtrant étant constitué : dès l'ouverture des valves des barbacanes, l'eau se mit à couler en abondance et avec une limpidité absolue. Le problème était donc résolu. De fait, récemment pendant une crue considérable, alors que l'eau charriée par la Loire était couleur de café au lait, tandis que celle soi-disant filtrée distribuée à la ville était absolument boueuse, le liquide puisé à l'une quelconque des barbacanes était d'une clarté au-dessus de tout éloge et présentait la limpidité d'une eau de roche.

Arrivé au terme de mon exposé, je m'aperçois avoir oublié, Messieurs, de vous signaler dans cette merveilleuse, je ne dirai pas invention, mais plutôt conception (c'est-à-dire application nouvelle de principes connus), de vous signaler, dis-je, deux points de l'installation qui méritent eux aussi de fixer votre attention.

Tout d'abord, c'est que la masse sablonneuse filtrante du système de M. Lefort n'a pas plus de dix mètres de rayon en épaisseur : ce qui est relativement faible à côté des masses réellement énormes (100 à 150 mètres) employées, sans aucun profit d'ailleurs dans l'ancien système.

Ensuite, c'est que la tour, ou plus exactement le puits de filtration, est garni dans son intérieur d'un véritable escalier métallique (le puits a environ deux mètres de diamètre), permettant une surveillance suivie du débit de chaque barbacane. Le gardien du poste se trouve ainsi dans la situation d'un garçon de laboratoire chargé de surveiller la filtration d'une série d'appareils de chimie. Une barbacane viendrait-elle à donner un liquide trouble ? c'est qu'un trajet fistuleux amenant une voie d'eau directe du fleuve au puits se serait créé : il fermerait la barbacane incriminée, le courant se trouvant modifié en direction déplacerait les sables mobiles servant de filtre, et le lendemain l'opération pourrait reprendre en conditions normales. Une crue surviendrait-elle ? La pression augmentant sur l'ensemble des ouvertures, le débit augmenté pourrait amener des voies d'eau dans le sable et par suite altérer la limpidité du liquide filtré : on diminuerait le débit de chacune des barbacanes et, l'écoulement étant modéré, les trajets fistuleux de dérivation des sables ne seraient plus à redouter.

Bien entendu, le puits d'étude de Nantes a été établi en amont de l'agglomération urbaine. Quant au refoulement par la marée des excreta de toute nature versés par les égouts municipaux dans le fleuve, refoulement que l'on avait paru craindre comme cause de contamination pour le puits de filtration, des études spéciales ont montré qu'il n'y avait pas de refoulement vrai, qu'il se produisait seulement une sorte de stase ondulatoire des eaux. Le puits d'essai est donc à l'abri de toute cause de pollution en ce sens.

Reste maintenant à vous faire connaître au point de vue pratique deux autres côtés de la question :

Premièrement : le rendement en eau filtrée de ce puits d'essai ;

Secondement : la carte à payer.

Le rendement, Messieurs, est tel que ce seul puits donne en 24 heures 30,000,000 de litres, soit pour une ville de 120,000 âmes comme Nantes, 250 litres par habitant, c'est-à-dire un chiffre de luxe.

Par comparaison, pour une population de 3,000,000 d'âmes comme celle de Paris, en prenant le chiffre normal de 125 litres, 12 de ces puits suffiraient : d'autant plus que les dérivations déjà existantes venant s'ajouter, on obtiendrait ainsi une somme d'eau pure égale à une fois et demi celle fixée par l'hygiène.

Quant au prix de revient, il a été de 30,000 francs seulement, somme mise à la disposition de M. Lefort par la ville de Nantes pour cette étude préliminaire. Toutefois, la dépense totale d'adduction et canalisation est estimée 300,000 francs.

Donc, au point de vue économique et proportions gardées pour Paris, la dépense serait de 3,600,000 francs, en chiffres ronds 4 millions : une belle somme déjà, mais bien loin cependant des 300 millions que va coûter à nos contribuables de la capitale l'adduction d'une quantité presque infime et insuffisante d'eau de l'Avre.

En résumé :

L'étude faite par l'ingénieur Lefort relativement à l'approvisionnement en eau potable de la ville de Nantes, semble avoir résolu d'une façon aussi ingénieuse qu'inattendue la question de l'approvisionnement en eau pure des villes situées sur les cours d'eau en général.

Cette solution est complète, répondant heureusement aux trois côtés hygiénique, financier et des droits de riverains des sources à dé-
river.

Ce travail m'a paru de nature à intéresser la Société, puisqu'elle
possède une section d'hygiène;

Et j'ai l'honneur de lui proposer de nommer une commission
pour examiner cette étude d'une façon approfondie et soumettre
telles conclusions qu'elle jugera convenable (1).

(1) Communication à la Société de Médecine pratique, séance du 27 février 1890.

Clermont (Oise). — Imprimerie DAIX frères, place Saint-André, 3.

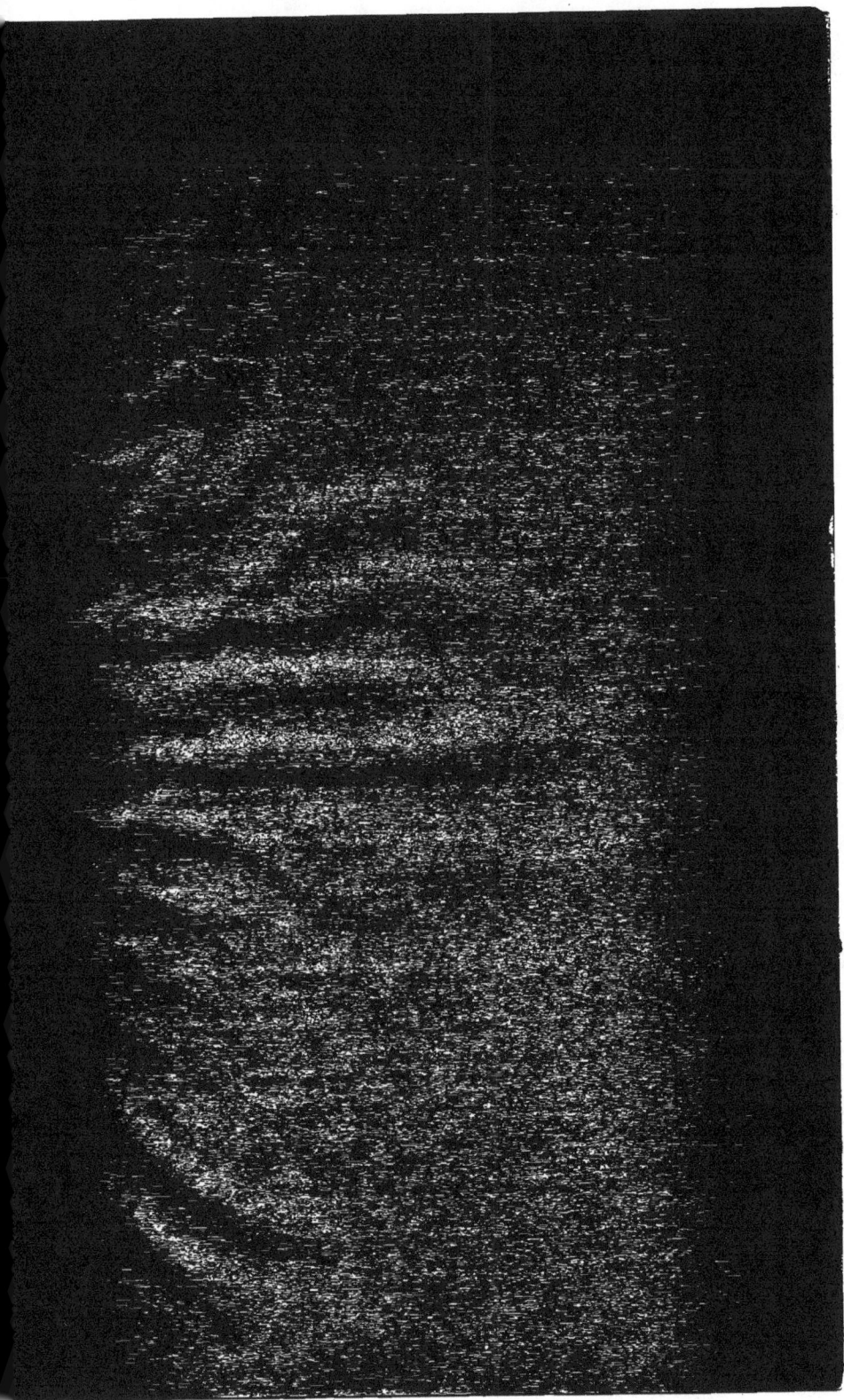

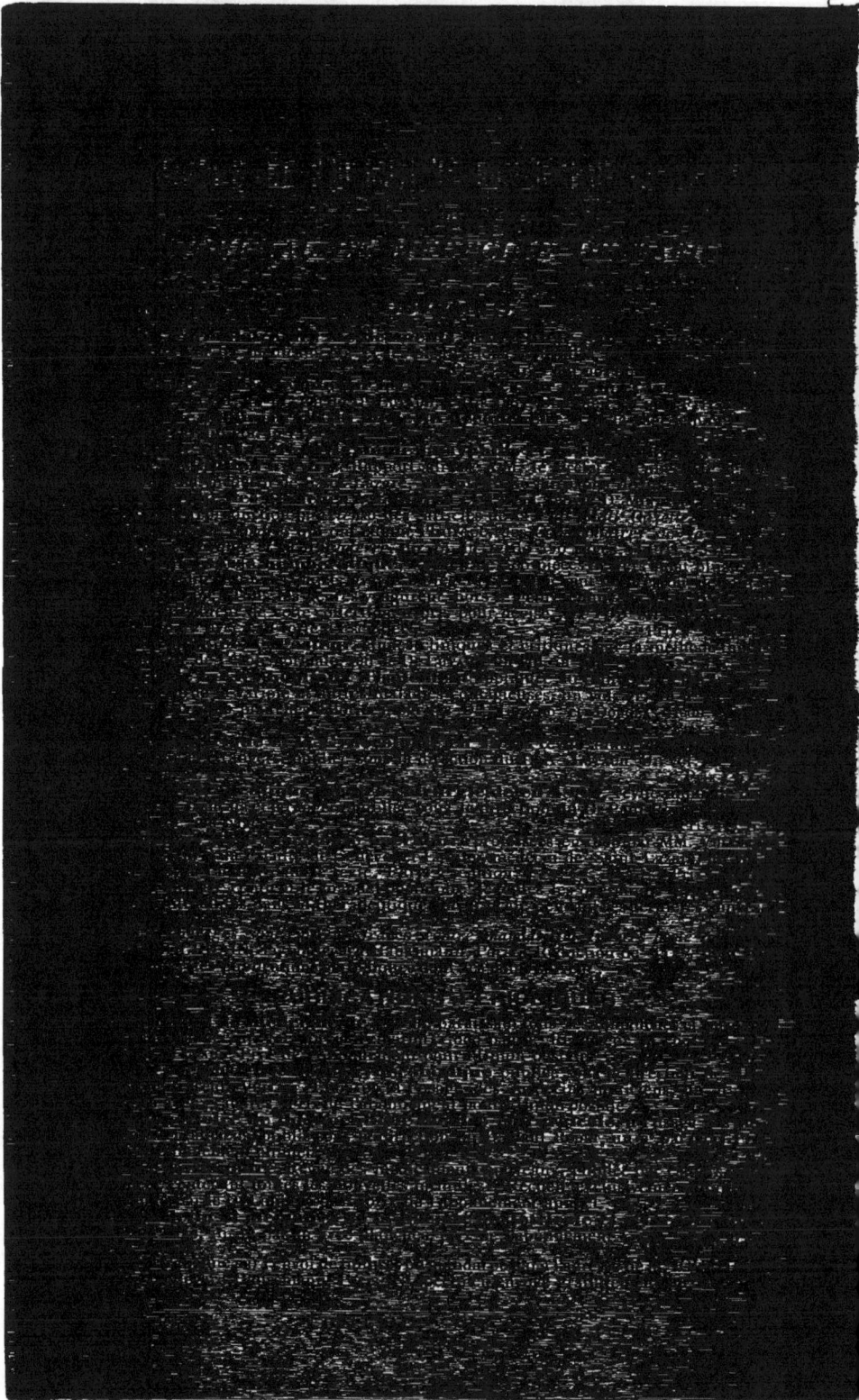

www.ingramcontent.com/pod-product-compliance
Lightning Source LLC
Chambersburg PA
CBHW071345290326
41933CB00040B/2447